westermann

W0338668

Karibu

Lesearbeitsheft
Fördern und Inklusion 2 A

Erarbeitet von

Susanne Baretschneider, Sina Knopf,
Ann-Katrin Ostermann

Unter Beratung von

Nora Franck, Corinna Roggenkamp

Auf Grundlage von
Karibu Lesebuch (Ausgabe 2023),
erarbeitet von Susanne Goralsky, Maria Hoyme,
Gerburg Kirsch, Corinna Roggenkamp,
Vera Scheithauer, Joana Zoepke

Illustriert von

Friederike Ablang, René Amthor,
Antje Bohnstedt, Svenja Doering

Inhaltsverzeichnis

Heft A

So kannst du die QR-Codes verwenden:

Was diese Zeichen bedeuten:

 Arbeite mit einem anderen Kind.

 Arbeitet in einer Gruppe.

 Erzähle: Was siehst du? Was denkst du?

 Lies.

 Schwinge. Setze Silbenbögen. Markiere Piloten.

 Schreibe. Markiere. Unterstreiche.

 Kreuze an.

 Kreise ein.

 Verbinde.

 Male.

 Schneide oder klebe etwas.

 Recherchiere in Büchern oder im Internet.

 Mache eine Aufnahme.

 Diesen Text kann dir auch deine Lehrerin, dein Lehrer oder eine andere Person vorlesen.

Anforderungsbereiche: ◯ 1 ◯ 2 ◯ 3 ☐ binnendifferenziert

In den Fußzeilen sind die Kompetenzen der jeweiligen Seite sowie digitale Kompetenzen aufgeführt.

zu diesen Texten gibt es ein Quiz bei Antolin

Willkommen

SCHULE
Reiseführer
Schatzkiste
der Erinnerungen
- meine Ferien -
KARI
BU
Alles dabei
für Klasse 2
BU

SCHULE
KARI
Schatzkiste
der Erinnerungen
- meine Ferien -
BU

Willkommen
in Klasse 2
Schön, dass
du da bist!
Toll!
Hallo!
KARI
Schatzkiste
der Erinnerungen
- meine Ferien -
BU
Wir sind da!

Das weiß ich noch

① ✎

Ich kenne Bücher über ...

○  Tiere.

○  Hexen.

○  Kinder.

○  Natur.

○ ○ ____________________

② ✎

Hier habe ich gelesen ...

• über Textwissen verfügen: über Leseerfahrungen berichten

③

D B U P Z S K C M U B U N M A P D J K B U S

J D N Z B U Q W H S B U A S B B U C S J N

B U A D B U A D S K A R B U H U B U J A D

④

Schuli	Schule	Schulo
Pausi	Pauso	Pause
lesen	lesan	leson
Bich	Buch	Bäch

⑤

- ◯ A
- ⊗ I

- ◯ L
- ◯ N

- ◯ Ra
- ◯ Ro

- ◯ Bu
- ◯ Ba

- ◯ Wal
- ◯ Wul

- ◯ Dose
- ◯ Dase

• flüssig lesen: schriftsprachliche Informationen nutzen

Was ist was?

1 Was passt? Verbinde.

	Verbinde.
	Male.
	Schreibe oder markiere.
	Kreise ein.

2 Was passt? Verbinde.

	Erzähle.
	Lies.
	Schwinge.
	Höre zu.
	Mache eine Aufnahme.
	Lasse dir vorlesen.

• Lesefähigkeiten: einfache Bezüge zwischen Text und Bild herstellen

Gemeinsam lernen

① Was ist richtig? Kreuze an.

- ◯ als Gruppe
- ◯ allein

- ◯ allein
- ◯ zu zweit

② Was seht ihr? Erzählt.

Ich habe das Lesebuch!

Das sieht ja aus wie unser Heft!

③ Welche Seitenzahl hat das Kapitel in eurem Heft? Schreibt.

Lesebuch

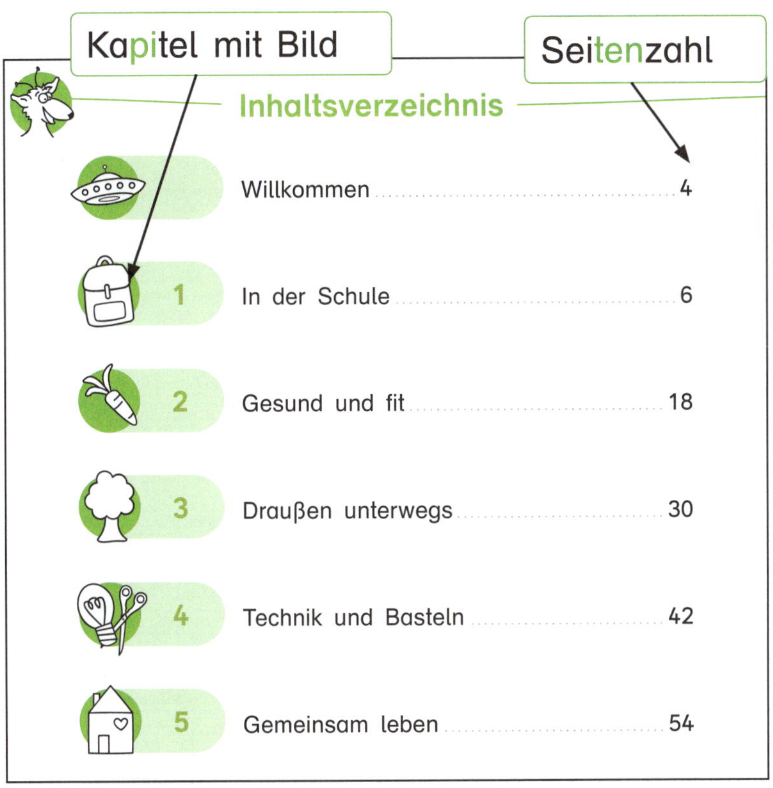

Lesearbeitsheft

Seitenzahl
4
10

• LB, S. 2, 3, 162

• über Textwissen verfügen: über grundlegendes Orientierungswissen verfügen

In der Schule

1 Was seht ihr? Erzählt.

② Welcher Tag ist heute? Kreise ein.

Montag Dienstag Mittwoch Donnerstag Freitag

③ Wie ist das Wetter heute? Kreise ein.

Lieblingswörter der Klasse 2

Sofa

Bu

Lama

Mut

Ali

Mina

Kim

④ Welche Wörter magst du? Schreibe.

• mit anderen sprechen: an Gesprächssituationen beteiligen

Spielregeln

① Lies.

Regeln für Freunde

1. Wir spielen.
2. Wir helfen uns.
3. Wir sind ehrlich.
4. Wir sind nett.

② Mit wem spielst du gerne? Schreibe.

③ Was ist in deiner Pause erlaubt? Kreuze an.

○ spielen	○ schubsen	○ rennen
○ essen	○ lachen	○ werfen

④ Warum brauchen wir Regeln? Erzählt.

• mit anderen sprechen: Gesprächsregeln beachten
• auf eine wertschätzende Gesprächsatmosphäre achten

• LB, S. 8, 9

Bewegte Pause

① Lies die Regeln.

Kettenfangen

Ein Kind fängt.
Wer gefangen wurde,
wird an die Hand genommen.
Fangt weiter,
bis es 4 Kinder sind.
Teilt die Gruppe in der Mitte.
Fangt weiter.
Das letzte Kind gewinnt.

② Ordne die Bilder zu ①. Trage Zahlen ein.

③ Wie geht dieses Spiel? Erzählt.

Silben lesen

① Lies die Silben 3 Mal schnell.

ma	la	sul
me	le	sal
mi	li	sil
mo	lo	sol
mu	lu	sel

② Schwinge die Wörter. Setze Silbenbögen.

Tafel	Kari	Bu	Name
malen	Hof	lesen	Heft
rufen	Worte	essen	Roller

③ Markiere die Piloten in ② gelb.

④ Verbinde die Silben. Schreibe.

to	fel	toben
Ta	se	
Pi	ben	
Pau	lot	

⑤ Wie viele Silben haben die Wörter? Verbinde.

Ball 

Klasse

Musik

Lineal

Pause

Domino

Tag

Pausenhof

• Das kann ich, S. 21
• KV Fö 1.1

• Lesefertigkeiten: schriftsprachliche Informationen (Silben) nutzen
• über Schreibfertigkeiten verfügen: Wörter korrekt schreiben

Wie arbeiten wir gemeinsam?

① Lest den Comic.

So beendet ihr den Comic:

② Macht die Aufgaben ④ bis ⑧.

③ Malt nach jeder Aufgabe einen Kari aus.

④ Welches Material braucht ihr für Aufgabe ②? Erzählt.

• verschiedene Textsorten kennen: Comic

⑤ Welche Ideen habt ihr?

⑥ Einigt euch auf eine Lösung.

⑦ Wechselt euch bei der Aufgabe ab.

⑧ Räumt gemeinsam auf.

So arbeiten wir gemeinsam:

- Material holen
- über Ideen sprechen
- auf Idee einigen
- bei Aufgabe abwechseln
- gemeinsam aufräumen

• mit anderen sprechen: an Gesprächssituationen beteiligen
Gesprächsregeln beachten
• auf eine wertschätzende Gesprächsatmosphäre achten

Die Schule der magischen Tiere

① Kreuze an.

	☒ Ida ○ Mister Morrison ○ das magische Tier
	○ Ida ○ Mister Morrison ○ das magische Tier
	○ Ida ○ Mister Morrison ○ das magische Tier

② Lies die Sätze. Verbinde.

Magische Tiere reden.

Nur du verstehst, was das Tier sagt.

Ida hat einen magischen Freund.

• Lesefertigkeiten: einfache Bezüge zwischen Text und Bild herstellen

• LB, S. 14, 15

1 Lies.

Die Schule der magischen Tiere

(verändert, gekürzt)

Margit Auer

2 Was kann ein magisches Tier? Erzählt.

4 Wozu könnte Ida so einen Freund brauchen? Erzählt.

4 Welches Tier passt zu dir? Kreuze an.

○ Hund	○ Hase	○ Affe
○ Adler	○ ______	

• Leseverstehen: Textinformationen verknüpfen
• auch unter Nutzung des Vorwissens Schlussfolgerungen ziehen und ein Gesamtverständnis konstruieren

Wer bin ich?

① Welches Tier ist es? Schreibt.

Pinguin Krokodil Schildkröte Eichhörnchen

Es lebt am Südpol.
Es ist schwarz
und weiß.
Es legt Eier.

Es hat 4 Beine.
Es wird sehr alt.
Es hat einen Panzer.

Es lebt im Wald.
Es hat einen
buschigen Schwanz.
Es hat rotes Fell.

Es ist lang und grün.
Es hat spitze Zähne.
Es lebt im Wasser.

2 Denkt euch eigene Rätsel aus. Schreibt.

Es hat

• Leseverstehen: Textinformationen verknüpfen
• Texte formulieren: produktiv mit einfachen Texten umgehen

Das kann ich

① Lies die Silben 3 Mal schnell.

ra	re	ri	ro	ru

fam	fem	fim	fom	fum

② Schwinge die Wörter. Setze Silbenbögen.

mit immer reden Pause

③ Markiere die Piloten in ② gelb.

④ Verbinde die Silben. Schreibe.

Schu	gel	
Hef	le	
Re	te	

⑤ Wie viele Silben haben die Wörter? Verbinde.

Tafel Tinte Heft vorlesen

• Lesefertigkeiten: schriftsprachliche Informationen (Silben) nutzen
• über Schreibfertigkeiten verfügen: Wörter korrekt schreiben

Gesund und fit

1 Was seht ihr? Erzählt.

2 Welches Essen von der Liste findest du auf dem Bild? Kreise ein.

③ Was ist am Montag? Kreuze an.

◯ Sportfest ◯ Kino ◯ Picknick

④ Was machen Kari und Bu? Kreuze an.

◯ Kari und Bu lesen.
◯ Kari und Bu turnen.
◯ Kari und Bu tanzen.

Obst und Gemüse

① Lies die Wörter mehrmals.

Ba
Bana
Banane

Ro
Rosi
Rosine

To
Toma
Tomate

Kar
Kartof
Kartoffel

② Was isst du am liebsten? Kreuze an.

◯ Bananen	◯ Rosinen
◯ Kartoffeln	◯ Tomaten

③ Male ein gesundes Essen in den Teller.

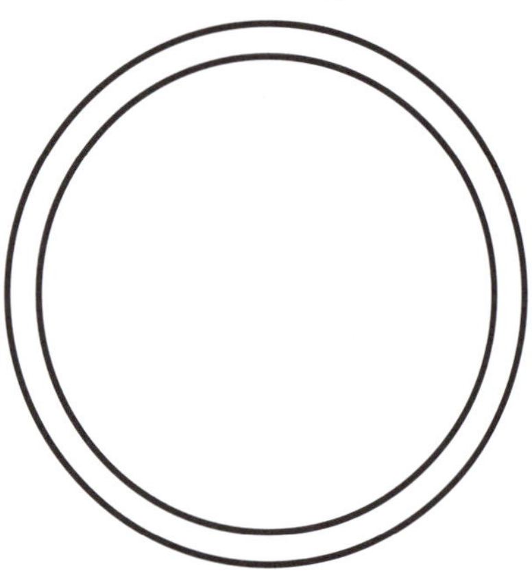

• Lesefertigkeit: schriftsprachliche Informationen (Silben) nutzen

• LB, S. 20, 21
• KV Fö 2.2

① Was steht im Apfel? Kreuze an.

◯ Der Apfel ist rot.
◯ Im Apfel ist ein Wurm.

② Löse das Rätsel. Trage ein.

B	i	r	n	e	

③ Was ist die Lösung? Schreibe.

Lösung:

• LB, S. 20, 21

• Leseverstehen: explizite Textinformationen auf lokaler Ebene ermitteln
• über Schreibfertigkeiten verfügen: Wörter korrekt schreiben

Bilder Wörtern zuordnen

① Wer macht Sport? Kreuze an.

② Lies und male.

Ball

Seil

Tor

Roller

③ Was siehst du? Kreuze an.

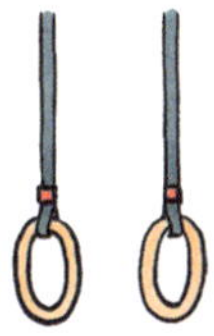

☒ Ringe
○ Netz

○ fahren
○ laufen

○ turnen
○ werfen

④ Was reimt sich? Verbinde.

rot

Melone

Pantoffel

Beere

⑤ Verbinde.

Möhre Kiwi Apfel Gurke Spinat Banane

• Das kann ich, S. 33

• bei multimodalen Texten einfache Bezüge zwischen Text und Bild herstellen

Textecheck!

Wie spreche ich über einen Text?

① Was seht ihr? Erzählt.

Überschrift → **Trinken ist gesund!**

Zeile →

1 Sport macht Spaß.
2 Dafür braucht man Kraft.
3 Oft ist Sport anstrengend.
4 Dein Körper verliert Wasser.

Pit Turner

Das ist der Autor.

② Mache die Aufgaben ③ bis ⑥.
Male nach jeder Aufgabe einen Kari aus.

③ Wie heißt die **Überschrift**? Schreibe.

④ Wie viele **Zeilen** hat der Text? Kreuze an.

○ drei ○ zwei ○ eine ○ vier

5 Lies.

Trinken ist gesund!

Sport macht Spaß.
Dafür braucht man Kraft.
Oft ist Sport anstrengend.
Dein Körper verliert Wasser.
Es ist wichtig, genug zu trinken.
Wasser hält dich fit.

6 In welcher Zeile steht das Wort? Kreuze an.

	Zeile	Zeile
Spaß	1 ○	4 ○
Kraft	5 ○	2 ○
fit	4 ○	6 ○
Körper	6 ○	4 ○

Diese Fachbegriffe helfen mir:

- **Text**: mehrere Sätze
- **Überschrift**: Name des Textes
- **Zeile**: eine Reihe im Text

• im Text orientieren und sich einen Überblick verschaffen
• wichtige Fachbegriffe nutzen

Sportfest

1 Lies und verbinde.

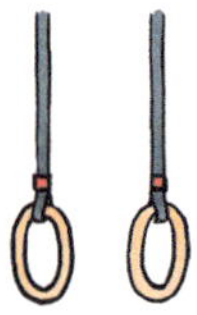

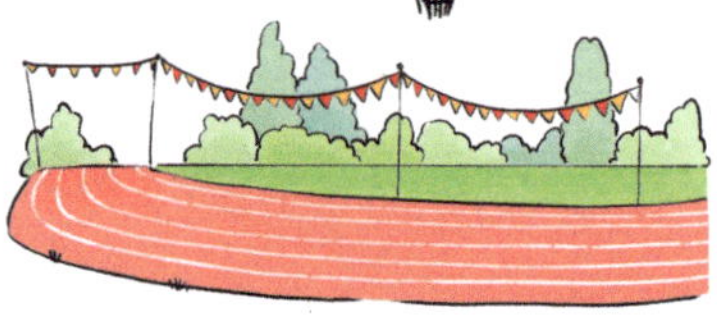

Sport

Sportfest

rennen

Flügel

Ringe

2 Was seht ihr? Erzählt.

- bei multimodalen Texten einfache Bezüge zwischen Text und Bild herstellen
- zu anderen sprechen: erzählen

① Lies.

Sportfest

Es ist 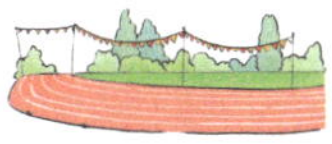.
Kari und Bu sind da.
Die Kinder .
Wer ist schneller?
Bu hat .
Er fliegt durch 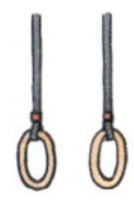.

② Wo sind Kari und Bu? Kreuze an.

Auf dem …

- ◯ Schulfest.
- ◯ Sportfest.
- ◯ Sommerfest.

③ Was macht Bu? Markiere.

- Bu ist auf dem Sofa.
- Bu wirft.
- Bu fliegt durch die Ringe.

• LB, S. 26, 27

• Leseverstehen: explizite Textinformationen auf lokaler Ebene ermitteln

Gesund und fit!

① Bildet eine Gruppe. Spielt.

So geht es:
Ihr braucht 1 Würfel und 2 Spielfiguren.

- Würfle und gehe vor.
- Wenn du auf eine Leiter kommst: Lies das Wort und gehe über die Leiter.
- Wer ist am schnellsten im Ziel?

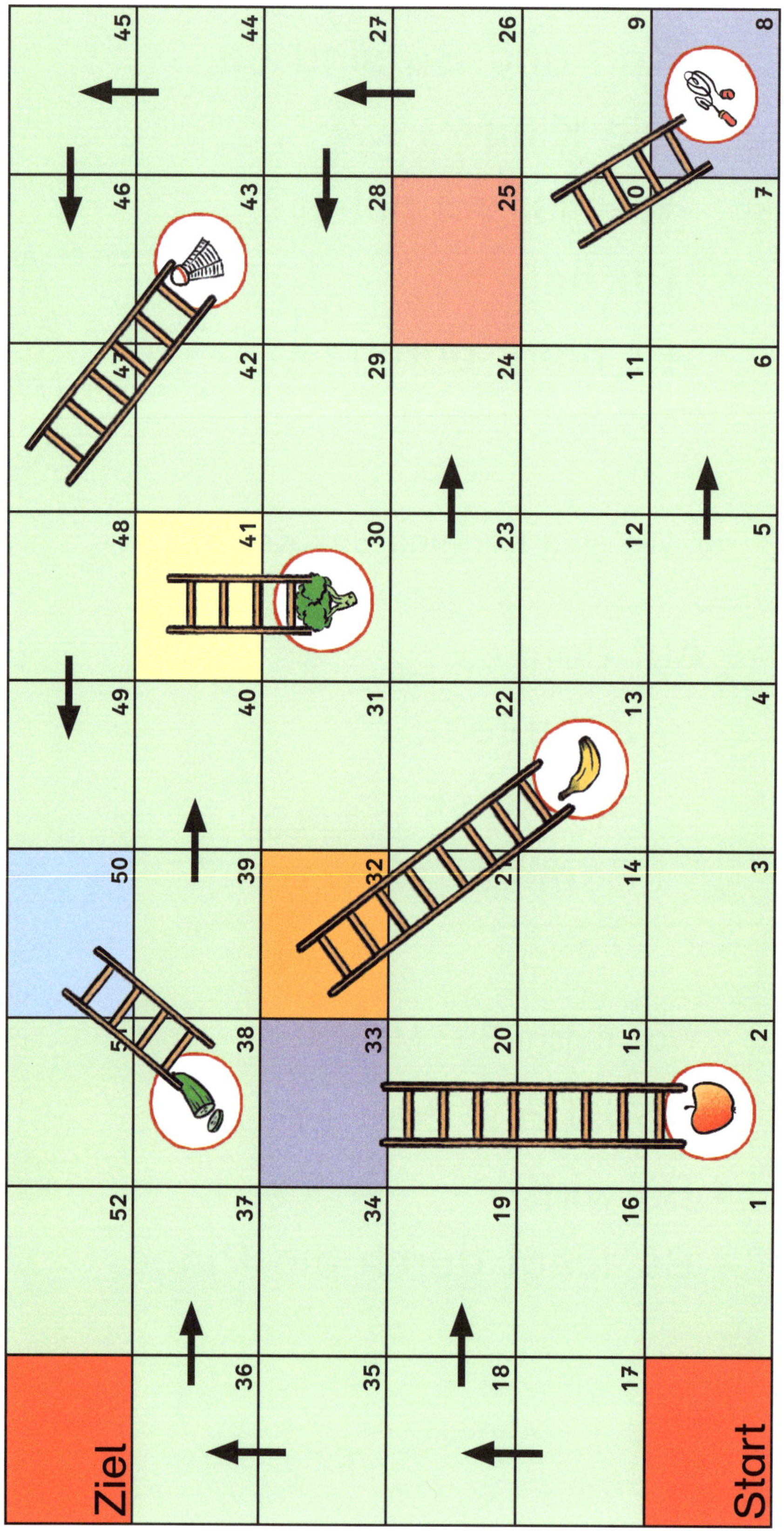

• verschiedene Textsorten kennen: Spielanleitung
• nicht linearen Darstellungsformen Informationen entnehmen

Bilder Wörtern zuordnen

1 Was ist Obst? Kreuze an.

◯ Limo ◯ Apfel ◯ Banane ◯ Ananas
◯ Tablet ◯ Wurst ◯ Zitrone ◯ Stift ◯ Kiwi

2 Lies und male.

Tomate	Teller	Badehose

3 Was reimt sich? Verbinde.

Knall • • raufen

 • • 

4 Was ist Sport? Male an.

werfen lesen

tanzen schlafen

1 Was seht ihr? Erzählt.

Unsere ERDE

braucht HILFE

Ich habe eine

So helfe ich!

Ich trenne Müll.

Ich fahre

Ich säe Blumen.

② Wie hilfst du? Male.

• zu anderen sprechen: erzählen
• werten Text-Bild-Bezüge für Textverständnis und Deutung aus
• verschiedene Textsorten kennen: Mindmap, Comic

Honig

1 Lies.

1. Bienen sammeln Nektar aus Blumen.

2. Sie bringen den Nektar in die Waben.

3. Die Bienen machen aus dem Nektar Honig.

4. Im Sommer holt ein Imker die Waben heraus.

5. Er schleudert die Waben.

6. Der Honig kommt in ein Glas. Lecker!

2 Was habt ihr über die Biene gelernt? Erzählt.

3 Warum sind Bienen wichtig? Erstellt ein Plakat.

• Gesprächsstrategien anwenden: Fragen stellen
• zentrale Aussagen eines Textes erfassen und sie wiedergeben

• LB, S. 32, 33

Summ, summ, summ!

① Lies oder höre zu.

Text: August Heinrich Hoffmann von Fallersleben,
Melodie: mündlich überliefert

② Wo ist die Biene? Kreuze an.

- ○ am See
- ○ im Wald
- ○ im Haus

③ Erfindet eine eigene Strophe.

Summ summ summ! Bienchen summ herum!

____

____

Summ summ summ! Bienchen summ herum!

④ Singt eure Strophe vor oder nehmt euch dabei auf.

• LB, S. 32, 33 • Texte formulieren: produktive Schreibformen kooperativ nutzen

Wörter genau lesen

① Lies die Wörter.

Baum
Ast
Nest
Maus

Hummel
Blume
Raupe
Sonne
Regen
Vogel

② Lies die Wörter aus ① 4 Mal schnell und ohne Fehler.
Ein anderes Kind stoppt die Zeit.

③ Wie lange brauchst du? Schreibe.

1. ______ Sekunden

2. ______ Sekunden

3. ______ Sekunden

4. ______ Sekunden

• flüssig lesen üben: über sichere Worterkennung verfügen

③ Was siehst du? Kreuze an.

- ○ Hundert
- ⊗ Hummel
- ○ Himmel

- ○ Ast
- ○ Auto
- ○ All

- ○ Blut
- ○ Blume
- ○ Bluse

- ○ Salat
- ○ Sofa
- ○ Sonne

④ Streiche den falschen Buchstaben durch.

Baukm
Blugme
Raupke
Nesxt
Vcogel
Maujs

⑤ Schreibe die Wörter aus ④ richtig auf.

Baum,

Wie lesen wir im Tandem?

① Suche ein anderes Kind. Schreibt:

Sportler oder Sportlerin: ______________________

Trainer oder Trainerin: ______________________

② Lest den Text beide leise.

Schon seit Tagen ...

Schon seit Tagen zählt der Igel
seine Stacheln auf dem Hügel.

Zählen jedoch, weiowei,
kann der Arme nur bis drei.

Kommt deshalb zu keinem Ziele,
zählt nur immer: eins, zwei, drei und viele.

Alfred Körner

③ Zählt: 1, 2, 3. Lest gemeinsam los.

4 Lest den Text gemeinsam halblaut.

Sportler:

Ich gebe das Tempo vor.

Trainerin:

Ich lese mit dem Finger mit.

5 Falls beim Lesen ein Fehler passiert:

Sportler:

Ich berichtige den Fehler.

Trainerin:

Ich warte und wiederhole das Wort richtig. Wir lesen den Satz noch einmal.

6 Malt einen Kari aus.

7 Beginnt wieder bei 3.
Macht das, bis alle Karis ausgemalt sind.

Du kannst den Text auch der Klasse vorlesen.

So lesen wir im Tandem:

- zählt: 1, 2, 3
- gemeinsam loslesen
- Fehler: Satz noch einmal lesen
- 4 Mal lesen

Rehkitz in Gefahr

1 Lies und verbinde.

- der Tierarzt
- das Rehkitz
- das Wildtier-Zentrum
- das Fiepen

2 Was siehst du? Kreuze an.

- ○ Es ist ein Hase.
- ⊗ Es ist ein Rehkitz.

- ○ Die Kinder hören ein Fiepen.
- ○ Die Kinder holen Mama.

- ○ Der Vater ist Maler.
- ○ Der Vater ist Tierarzt.

- ○ Ruft im Wildtier-Zentrum an!
- ○ Ruft in der Schule an!

• Lesefähigkeiten: einfache Bezüge zwischen Text und Bild herstellen

③ Lies.

Rehkitz in Gefahr

Kim, Marie und Franzi sind im Wald.
Die Kinder hören ein Fiepen.
Ist das ein Tier?
Ja!
Es ist ein Rehkitz.
Franzi ruft ihren Vater an.
Er ist Tierarzt.

Papa, kannst du helfen?

Ja, wartet auf die Mama vom Rehkitz.

Und wenn sie nicht kommt?

Ruft im Zentrum für Wildtiere an!

(verändert, gekürzt)

Jule Ambach

④ Kreuze an.

Die Kinder sind …	Was finden die Kinder?
○ im Wald.	○ eine Maus
○ im Haus.	○ ein Rehkitz
○ im Zoo.	○ eine Eule

⑤ Wie geht es weiter? Erzählt.

• LB, S. 38, 39

• Leseverstehen: Textinformationen verknüpfen
• auch unter Nutzung des Vorwissens Schlussfolgerungen ziehen und ein Gesamtverständnis konstruieren

Aus alt wird neu: Waldtiere basteln

1. Lies die Anleitung.

Du brauchst:

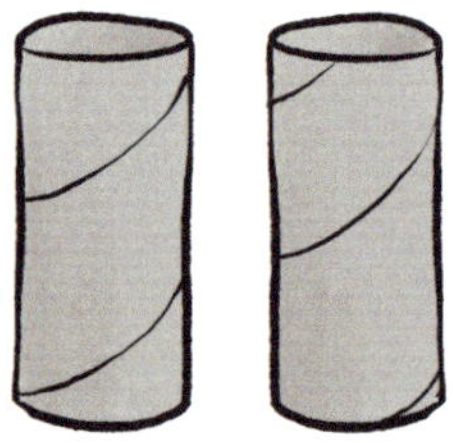 Klopapierrollen	 Farben	 Pinsel

So geht es:

1. 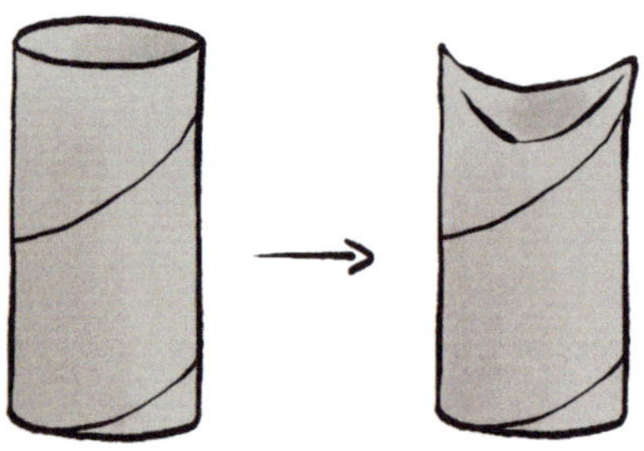 Falte die Rolle oben zusammen.	2.  Male an.

2. Wähle ein Waldtier und bastle es mit der Anleitung.

Welche Tiere gibt es noch im Wald?

• verschiedene Textsorten kennen: Anleitung

Wörter genau lesen

① Lies die Wörter einem anderen Kind vor.

Raupe	Hummel	Vogel	Sonne	Ast
Nest	Blume	Baum	Maus	Regen

So gut hast du gelesen: ☺ ☺ 😐 ☹

② Was siehst du? Kreuze an.

○ Nest
○ Name
○ Nuss

○ Biene
○ Baum
○ Banane

③ Streiche den falschen Buchstaben durch.

Apst	Hujmmel	Sonnge	Regenf

④ Schreibe die Wörter aus ③ richtig auf.

☺ ☺ 😐 ☹

• flüssig lesen üben: über sichere Worterkennung verfügen
• Wörter genau lesen üben

1 Was seht ihr? Erzählt.

Erfindung des Telefons

2 Johann Reis testet das erste Telefon. Was sagt er? Schreibe.

3 Was würdest du sagen? Schreibe.

• Leseverstehen: explizite Textinformationen auf lokaler Ebene ermitteln

4 Lies und verbinde.

Ich sehe aus wie ein Obst. Ich leuchte.	
Ich kann fliegen. Ich bringe dich in den Urlaub.	
Ich bin rund. Ich kann rollen.	

5 Was würdest du erfinden? Male.

6 Erzähle einem anderen Kind von deiner Erfindung.

• LB, S. 42, 43

• Lesefähigkeiten: einfache Bezüge zwischen Text und Bild herstellen
• zu anderen sprechen: erzählen

Ein Experiment

① Lies.

So kannst du Luft wiegen!

Nimm einen Ball, eine Waage und eine Pumpe.

Wiege den Ball mit wenig Luft.

Nun pumpe, pumpe und pumpe.
Wiege nun den Ball mit viel Luft.
Probiere es aus!

② Welche Dinge brauchst du dazu? Kreuze an.

◯ Pumpe ◯ Schere ◯ Ball ◯ Waage

③ Was hat sich verändert? Kreuze an.

◯ Der Ball ist kleiner geworden.
◯ Der Ball ist gleich groß.
◯ Der Ball ist größer geworden.

◯ Der Ball wiegt weniger.
◯ Der Ball wiegt mehr.
◯ Der Ball wiegt gleich viel.

- verschiedene Textsorten kennen: Anleitungen
- Leseverstehen: explizite Textinformationen auf lokaler Ebene ermitteln

- LB, S. 44, 45
- KV Fö 4.1

Mit Brausepulver kannst du Eis herstellen

① Lies die Sätze.

1. Nimm einen Becher aus Plastik.	2. Fülle ihn mit Wasser.
3. Rühre dann Brausepulver ein.	4. Stelle ihn mit einem Löffel in das Gefrierfach.

② Schneide die Bilder aus.

③ Klebe die Bilder zu den richtigen Sätzen.

④ Tauscht euch über die Experimente aus.

• LB, S. 44, 45
• KV Fö 4.1

• verschiedene Textsorten kennen: Anleitungen
• mit anderen sprechen: über Lernerfahrung sprechen

Bilder und Sätze richtig zuordnen

1 Welches Wort passt nicht? Streiche es durch.

Mit dem ~~Gurke~~ Telefon kann ich telefonieren.

Eine Uhr zeigt die Salat Zeit an.

Das Auto hat 4 Bälle Räder.

Im Schule Ofen backe ich Brot.

2 Welcher Satz passt zum Bild? Kreuze an.

- ◯ Kari und Bu gehen in die Schule.
- ◯ Kari und Bu sind Forscher.
- ◯ Kari und Bu lesen ein Buch.

③ Worum geht es in diesen Büchern? Kreuze an.

Es geht um …

- ☒ Räder.
- ○ Lampen.

Es geht um …

- ○ Kameras.
- ○ Strom.

Es geht um …

- ○ Tomaten.
- ○ Flugzeuge.

④ Was ist es? Verbinde.

- Damit kannst du mit Menschen an einem anderen Ort sprechen. •
- Damit kannst du in den Urlaub fahren. •
- Damit siehst du, wie schwer etwas ist. •

- • Waage
- • Telefon
- • Zug

• Das kann ich, S. 57

• Leseverstehen: explizite Textinformationen auf lokaler Ebene ermitteln
• Text-Bild-Bezüge für Textverständnis und Deutung auswerten

Was hilft mir, eine Frage zu beantworten?

1 Lies.

Das Helmfahrrad

Radfahren ist toll.
Es ist gut für die Umwelt
und man sieht viel Natur.
Manchmal wird es langweilig.
Dafür gibt es eine Lösung.
Tatu und Patu haben
das Helmfahrrad erfunden.
Rad und Helm gehören zusammen.
Auch langweilige Wege
werden damit spannend.

(verändert, gekürzt)

Aino Havukainen, Sami Toivonen

② Markiere wichtige Wörter in der Frage.

Wer hat das Helmfahrrad erfunden?

③ Suche Wörter im Text, die zur Frage passen. Markiere.

④ Schreibe die Antwort zu ② als Satz auf.

⑤ Male einen Kari aus.

⑥ Stellt euch eine andere Frage zum Text.
Beginnt wieder bei ②.

So hilft mir der Text, Fragen zu beantworten:

- Text lesen
- wichtige Wörter in der Frage markieren
- Wörter aus der Frage im Text markieren
- Antwort als Satz aufschreiben

Der verrückte Erfinderschuppen

① Lies und verbinde.

- unsichtbar
- das Fleck-weg-Mittel
- auftauchen

② Was siehst du? Kreuze an.

- ◯ Walter taucht wieder auf.
- ◯ Walter isst das Fleck-weg-Mittel.
- ◯ Walter ist unsichtbar.

- ◯ Walter taucht wieder auf.
- ◯ Walter isst das Fleck-weg-Mittel.
- ◯ Walter ist unsichtbar.

- ◯ Walter taucht wieder auf.
- ◯ Walter isst das Fleck-weg-Mittel.
- ◯ Walter ist unsichtbar.

• Lesefertigkeiten: Bezüge zwischen Text und Bild herstellen

① Lies.

Der verrückte Erfinderschuppen

Walter hat das Fleck-weg-Mittel gegessen.
Nun ist er unsichtbar.
Kurz darauf taucht er wieder auf.
Stück für Stück:
Erst die Füße,
dann die Beine,
dann immer mehr.
Am Ende ist auch der Kopf wieder da.
Walter war unsichtbar.
Er findet das super.
„Was man damit alles machen kann“,
freut er sich. (verändert, gekürzt)

Lena Hach

② Was wurde erfunden? Kreuze an.

- ◯ eine Super-Seife
- ◯ ein Fleck-weg-Mittel
- ◯ ein Turbo-Sauger

③ Was ging schief? Erzählt.

④ Was würdest du machen, wenn du unsichtbar wärst? Erzähle.

• Leseverstehen: explizite Textinformationen auf lokaler Ebene ermitteln

Echt oder erfunden?

① Welche dieser Erfindungen gibt es? Erzählt.

② Kreuzt euer Ergebnis an.

◯ Putz-Socken 	◯ Heiz-Schal 	◯ Hunde-Übersetzer 
◯ Stifte-Gabel 	◯ Haargummi-Finder 	◯ Tee-Pinguin 

③ Schaut auf Seite 88 im Heft B nach.
Hier steht die Lösung.

• mit anderen sprechen: Erklärungen und Begründungen wiedergeben

• KV Fö 4.3

1 Welches Wort passt nicht? Streiche es durch.

Kari und Bu mögen Tafel Erfindungen.
Sie Bu erfinden eine Maschine.
Die Maschine Bär kann Aufgaben machen.

2 Welcher Satz passt zum Bild? Kreuze an.

- ◯ Im Ofen ist ein Kuchen.
- ◯ Der Toaster braucht Strom.

3 Was passt? Kreuze an.

Damit wird es hell.
- ◯ Lampe
- ◯ Auto

Er hält Essen kalt.
- ◯ Strom
- ◯ Kühlschrank

4 Was ist es? Verbinde.

Damit halten Dinge zusammen.	Schere
Damit kann ich schneiden.	Kleber

☺ ☺ 😐 ☹

① Was seht ihr? Erzählt.

② Was steht in deinem Steckbrief? Erzähle.

③ Können Tiere Freunde sein? Erzählt.

④ Wie viele Freunde kann man haben? Erzählt.

5 Wer sind deine Herzensmenschen? Schreibe oder male.

Ein Streit

1 Lies das Gedicht.

 : Hühnerchen : Sturm  : Wurm

Die fünf Hühnerchen

Ich war mal in dem Dorfe,
Da gab es einen ,
Da zankten sich 5 
Um einen .

Und als kein  mehr war zu sehn,
Da sagten alle: Piep!
Da hatten die 5 
Einander wieder lieb.

Viktor Blüthgen

2 Lies das Gedicht vor.

3 Wann hattet ihr Streit? Mit wem? Erzählt.

Das ist gemein!

① Lies den Comic.

2 Wie könnte man den Streit lösen?
Schreibt in die Sprechblasen.
Malt das Bild fertig.

③ Spielt den Comic nach.

• sich mit anderen zu Textdeutungen und -wertungen austauschen

1 Lies.

Wochenende

1 Heute ist Sonntag.
2 Kari und Bu schlafen aus.
3 Danach essen sie Müsli mit Obst.
4 Nun haben Kari und Bu Langeweile.

5 Die beiden überlegen, was sie tun können.
6 Doch ihnen fällt nichts ein.
7 Endlich hat Bu eine Idee. Er sagt:
8 „Wir denken uns eine Geschichte aus!“
9 Kari freut sich. Er ruft: „Ja! Eine Geschichte
über einen spannenden Sonntag.“

② Wann haben Kari und Bu Langeweile? Kreuze an.

- ◯ am Montag
- ◯ am Samstag
- ◯ am Sonntag

③ Was essen Kari und Bu? Kreuze an.

- ◯ Eis
- ◯ Salat
- ◯ Müsli

④ Wer hat eine Idee? Male an.

Bu

Opa

Kari

⑤ Welcher Satz passt zum Text? Markiere.

- Kari und Bu denken sich ein Lied aus.
- Kari und Bu erfinden eine Maschine.
- Kari und Bu denken sich eine Geschichte aus.

• Das kann ich, S. 59

• Leseverstehen explizite Textinformationen auf lokaler Ebene ermitteln

Schlau gemerkt und aufgesagt!

Wie lerne ich ein Gedicht auswendig?

① Lies das Gedicht.

Der Pulli ← **Überschrift**

Meine Mami ruft begeistert:
„Ist der Pulli nichts für Dich?“ ← **Vers**
Stülpt ihn mir von oben drüber
und ich stammel: „Eher nich‘ …“

Thilo Mandelkow ← **Autorin oder Autor**

② Lies den ersten Vers.

③ Mache die Bewegung zum Vers Meine Mami ruft begeistert .

④ Decke den ersten Vers ab.

⑤ Sage den ersten Vers laut auf.
Mache dazu die Bewegung.

⑥ Male einen Kari aus.

Vers 1: 

Vers 2: 

Vers 3: 

Vers 4: 

⑦ Wiederhole ② bis ⑥ für alle Verse.

⑧ Trage das ganze Gedicht auswendig vor.
Du kannst den Vortrag auch aufnehmen.

So lerne ich ein Gedicht auswendig:

- Gedicht lesen
- Vers lesen
- Bewegung überlegen
- Vers abdecken
- Vers für Vers mit Bewegung aufsagen
- Gedicht vortragen

• Vorlesetechniken und Techniken des Auswendiglernens nutzen

Als Opa den Wasserkocher kaputt gemacht hat

① Lies und verbinde.

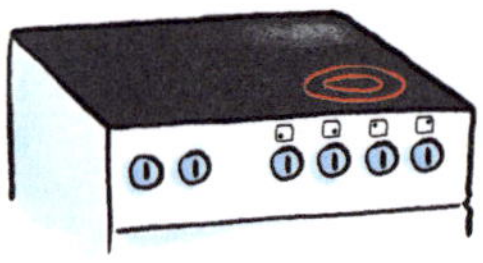

- der Wasserkocher
- der Herd
- der Kessel
- qualmen

② Lies und male die Bilder fertig.

Den Kessel stellt man auf den Herd.

Opa stellt den Wasserkocher auf den Herd.

Es fängt an zu qualmen.

- Leseverstehen: einfacher Bezüge zwischen Text und Bild herstellen
- Lesen vorbereiten: Vorwissen aktivieren

1 Lies.

Als Opa den Wasserkocher kaputt gemacht hat

Als Opa klein war, gab es keine 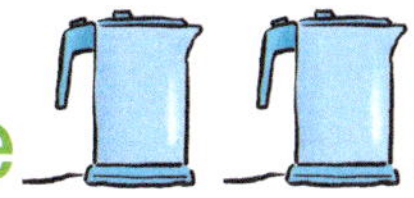.
Es gab .
In den  füllte man Wasser.
Dann stellte man den  auf den 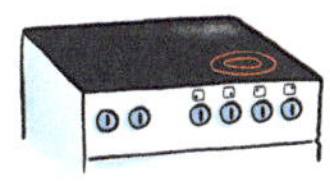.

Es sind Ferien.
Opa ist allein in der Küche. Oh nein!
Er stellt den  auf den 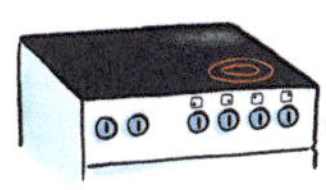.
Es fängt an zu .
Die Familie rennt in den Garten.
Opa ist das peinlich. (verändert, gekürzt)

Marc-Uwe Kling

2 Wohin rennt die Familie? Kreise ein.

in die Küche in den Garten

3 Wie kocht ihr Wasser? Wie hat man es früher gemacht? Erzählt.

4 Hast du schon einmal etwas Peinliches gemacht? Erzähle.

Unter Volldampf – das Spiel

① Spielt das Spiel mit 2 bis 4 Kindern. Ihr braucht 1 und .

Es sind Ferien.
⇨ *Setze einmal aus.*

Du vertauschst Kessel und Wasserkocher.
⇨ *Tausche deine Figur mit einer anderen.*

Du schaffst es, einen Tee zu kochen.
⇨ *Würfle noch einmal.*

Du schaust in der Küche nach, warum es qualmt.
⇨ *Gehe 3 Felder zurück.*

Du rennst in den Garten.
⇨ *Gehe 5 Felder vor.*

• verschiedene Textsorten kennen: Spielanleitung

1 Lies den Text auf Seite 67 noch einmal.

2 Was gab es noch nicht, als Opa klein war? Kreuze an.

- ◯ Kessel
- ◯ Wasser
- ◯ Wasserkocher

3 Was füllt man in einen Kessel? Kreuze an.

◯ Limo ◯ Wasser ◯ Tee

4 Was macht Opa allein in der Küche?
Male an.

5 Welcher Satz passt zum Text? Markiere.

- Opa spielt im Garten.
- Die ganze Familie rennt in die Küche.
- Ein Wasserkocher darf nicht auf den Herd.

• explizite Textinformationen auf lokaler Ebene ermitteln
• Leseverstehen: Textinformationen verknüpfen, Schlussfolgerungen ziehen und ein Gesamtverständnis konstruieren

① Was seht ihr? Erzählt.

② Lest alle Gedichte. Worum geht es? Erzählt.

Der Nebel

Der Nebel kommt
auf Katzenpfötchen.
Er sitzt und schaut
über Hafen und Stadt,
hebt sich und geht wieder weg.

Carl Sandburg

Kinder kommt und ratet,
was im Ofen bratet.
Hört, wie's knallt und zischt,
bald wird aufgetischt,
der Zipfel, der Zapfel,
der Kipfel, der Kapfel,

der gelb-rote ________ .

Volksgut

• LB, S. 138, 139

Der Lenz ist da

Roller aus dem Keller,
Katze auf dem Haus,
Blüten aus den Knospen,
alles kommt heraus.

Alfons Schweiggert

Sommerzeit – Ferienzeit

Sommerzeit – Ferienzeit.
Da weiß jeder gleich Bescheid.
Du kannst faul im Schatten liegen,
träumen, mit den Wolken fliegen,
hinter Hecken
dich verstecken,
Jetzt hast du für alles Zeit.

(gekürzt) *Rolf Krenzer*

③ Welches Gedicht magst du?
Male Herzen um das Gedicht.

• selbst gewählte literarische Texte nach Vorbereitung
sinngestaltend vorlesen

Jetzt wird gebaut!

Wie machen wir ein Standbild?

(1) Lest den Anfang des Textes.

Frederick
Auf der Wiese wohnen Mäuse.
Bald ist Winter.
Die Mäuse sammeln Essen als Vorräte.
Nur Frederick hilft nicht.

(2) Wählt für das Standbild ein Kind aus.
Es darf die anderen formen.

(3) Redet über den Text aus (1) und überlegt:

- Wer spielt wen?
- Wer steht wo?
- Wie sieht euer Gesicht aus?
- Wie sieht euer Körper aus?

(4) Baut ein Standbild zum Text aus (1).

(5) Das gewählte Kind formt die anderen wie Knete.

(6) Euer Standbild friert ein.

(7) Lest den Text weiter.
Baut weitere Standbilder.

Mäuse:	Frederick, warum machst du nichts?
Frederick:	Ich arbeite doch. Ich sammle Sonnenstrahlen.
Mäuse:	Träumst du, Frederick?
Frederick:	Nein! Ich sammle Wörter.
Mäuse:	Der Winter ist da. Unsere Vorräte sind leer. Frederick, wo sind deine Vorräte?
Frederick:	Macht die Augen zu. Ich wärme euch mit Sonnenstrahlen.
Mäuse:	Wo sind die Wörter, Frederick?
Frederick:	Ich habe ein Gedicht für euch. Es handelt von den Jahreszeiten.

(verändert, gekürzt)

Leo Lionni

8 Male für jedes Standbild einen Kari aus.

So baut ihr ein Standbild:

- gemeinsam überlegen:
  - Wer darf formen?
  - Wer spielt wen?
  - Wer steht wo?
  - Wie sieht euer Gesicht aus?
  - Wie sieht euer Körper aus?
- das Kind formt
- Standbild friert ein

• ausgewählte Formen des Präsentierens gestalten: Standbild
• unter Anleitung Formen des szenischen Sprechens und Spielens planen und gestalten

Lichtertanz

① Lest die Anleitung.

② Tanzt.

1. Steht
im Kreis
Zählt:
1-2-3-4
5-6-7-8.

2. Geht
nach rechts.
Zählt:
1-2-3-4
5-6-7-8.

3. Geht
nach links.
Zählt:
1-2-3-4
5-6-7-8.

4. Geht in die
Mitte. Zählt:
1-2-3-4.
Geht zurück.
Zählt:
1-2-3-4.

5. Dreht euch.
Zählt:
1-2-3-4
5-6-7-8.

6. 2 bis 5
noch mal,
dann 2 bis 4
noch mal.

• unter Anleitung Formen des szenischen Sprechens und Spielens planen und gestalten • LB, S.146

Viele Feste – viele Religionen

(1) Lies die Texte.

Das Lichterfest

Schalom! Ich bin Remo. Ich bin Jüdin. Im Winter feiere ich Chanukka. Es ist das Lichterfest. Es dauert acht Tage. Wir stellen einen Leuchter auf. Jeden Abend zünden wir eine weitere Kerze an. Am Ende sind es acht Kerzen. Dann freue ich mich auf Geschenke und Süßes.

Das Zuckerfest

Salam Aleikum! Ich bin Lola. Im Islam gibt es den Monat Ramadan. Man darf dann am Tag nichts essen und trinken. Das heißt fasten. Als Kind faste ich noch nicht. Am Ende des Monats ist das Zuckerfest. Es gibt viel Essen und Geschenke. Juhu!

(2) Worauf freuen sich beide Kinder? Schreibe.

Beide Kinder freuen sich auf …

- LB, S. 150, 151
- KV Fö 12.2

- Texte organisierend lesen: zentrale Aussagen eines Textes erfassen und sie wiedergeben

Das rote Paket

① Was ist auf dem Bild zu sehen? Kreuze an.

- ◯ ein grünes Paket und ein Pferd
- ◯ ein rotes Paket und ein Mann
- ◯ ein blaues Paket und eine Katze

② Was kann man tun? Kreise ein.

gehen	Tag	sagen	fragen
Dorf	geben	aufmachen	Anna

③ Was passt zusammen? Verbinde.

nicht Pech, sondern …	einsam
nicht gemeinsam, sondern …	nett
nicht gemein, sondern …	Glück

• Leseverstehen: einfache Bezüge zwischen Text und Bild herstellen

1 Lies.

Das rote Paket

Anna und Oma gehen ins Dorf. Dort hat niemand Zeit. Niemand sagt ein nettes Wort. Am Tag darauf haben Anna und Oma ein rotes Paket dabei. Oma gibt es einem einsamen Mann. Der Mann fragt: „Was ist im Paket?“ Oma sagt: „Glück! Aber nicht aufmachen!“ Der Mann gibt das Glück weiter. So geht das rote Paket von einem zum anderen.

(verändert, gekürzt) *Linda Wolfsgruber*

2 Wo sind Anna und Oma? Markiere im Text.

3 Was weißt du über den Mann? Kreuze an.

Der Mann ist …

- ◯ reich.
- ◯ groß.
- ◯ einsam.

4 Warum darf man das Paket wohl nicht aufmachen? Erzählt.

• Leseverstehen: Textinformationen verknüpfen
• Leseverstehen: explizite Textinformationen auf lokaler Ebene ermitteln

Textquellenverzeichnis

Heft A

Ambach, Jule; Rau, Katja: Die drei !!! Bücherhelden 2. Klasse – Rehkitz in Gefahr ©2020 Franckh-Kosmos Verlags-GmbH & Co. KG, Stuttgart, Seite 5–7. (verändert, gekürzt) (S. 43)

Auer, Margit; Dulleck, Nina: Lesestart-Erstleserbuch: Die Schule der magischen Tiere – zum Vorlesen und Lesenlernen. © 2016 Carlsen Verlag GmbH, Hamburg. (verändert, gekürzt) (S. 19)

Blüthgen, Victor: Die fünf Hühnerchen. Aus: Steht auf, ihr lieben Kinderlein: Gedichte aus älterer und neuerer Zeit für Schule und Haus / ausgewählt von Gustav Falke und Jakob Loewenberg, Schaffstein, Köln am Rhein 1906, S. 2. (S. 60)

Braun, Christina: Bienen. Aus: WAS IST WAS Erstes Lesen Band 5. Tessloff Verlag: Nürnberg 2019. (verändert, gekürzt) (S. 36)

Hach, Lena: Der verrückte Erfinderschuppen, Das Ruckzuck-Weg-Spray, illustriert von Daniela Kulot. Mixtvision Verlag, München 2019, S. 70–74. (verändert, gekürzt) (S. 55)

Havukainen, Haino und Toivonen, Sami: Tatu und Patu und ihre verrückten Maschinen. Übersetzt von: Elina Kritzokat. Thienemann-Esslinger Verlag, Stuttgart 2010. (verändert, gekürzt) (S. 52)

Hoffmann von Fallersleben, August Heinrich (Text): Summ, summ, summ! (Melodie: mündlich überliefert). Aus: Coppenraths Kinderzimmer-Bibliothek: Meine liebsten Kinderlieder. Hrsg. von Ulises Wensell, Coppenrath Verlag, Münster 2011. (S. 37)

Kling, Marc-Uwe: Der Tag, an dem der Opa den Wasserkocher kaputt gemacht hat. Illustration: Astrid Henn. Carlsen Verlag, Hamburg 2020, S. 8f., 13. (verändert, gekürzt) (S. 67)

Könner, Alfred: Schon seit Tagen ... Aus: Gedichte für die Grundschule. Hrsg. von Olaf Watzke, Brigg Verlag Franz-Josef Büchler KG, Friedberg 2023, S. 22. (S. 40)

Krenzer, Rolf: Sommerzeit – Ferienzeit. Aus: Lieber Frühling, lieber Sommer. Hrsg. von Rolf Krenzer, © Rolf Krenzer Erben, Dillenburg. (gekürzt) (S. 71)

Lionni, Leo: Frederick. Übersetzung: Günter Bruno Fuchs, Middelhauve Verlag, München 1998. (verändert, gekürzt) (S. 72, 73)

Mandelkow, Thilo: Der Pulli. Das Gedicht Blog 10.08.2019, Anton G. Leitner Verlag, Weßling, www.dasgedichtblog.de [Zugriff am 11.12.2023]. (S. 64)

Sandburg, Carl: Der Nebel. Aus: Ein Reigen um die Welt. Hrsg. von Hans Baumann. Mohn Verlag, Gütersloh 1965. (S. 70)

Schweiggert, Alfons: Der Lenz ist da. Aus: Vorlesegeschichten zu Frühling und Ostern. Hrsg. von Carola Hoffmann, Pattloch Verlag in der Verlagsgruppe Droemer Knaur, München 2005. (S. 71)

Wolfsgruber, Linda: Das rote Paket: Eine Erzählung über das Schenken, mit Illustrationen von Gino Alberti, Bohem Press, Affoltern am Albis 2017. (S. 77)

Bildquellenverzeichnis

Heft A und B

|Ablang, Friederike, Berlin: 4.9, 6.2, 6.3, 6.4, 6.5, 6.7, 6.8, 6.9, 6.11, 6.12, 6.13, 10.1, 10.2, 10.3, 10.4, 10.5, 10.6, 10.7, 10.10, 10.12, 12.4, 13.12, 13.13, 13.14, 13.15, 15.2, 15.3, 15.4, 15.5, 18.2, 18.3, 18.5, 18.6, 18.7, 18.10, 19.1, 20.1, 20.3, 20.4, 20.5, 20.6, 20.8, 21.3, 23.6, 24.5, 24.8, 24.10, 25.1, 25.12, 25.13, 25.14, 25.15, 25.16, 26.1, 26.2, 26.4, 26.5, 27.1, 27.3, 27.4, 27.5, 27.6, 27.7, 27.8, 27.9, 27.10, 27.11, 27.12, 27.13, 28.1, 29.1, 29.2, 29.3, 29.4, 29.5, 29.6, 29.7, 29.8, 29.9, 29.10, 29.12, 30.1, 30.2, 30.4, 30.6, 30.7, 30.9, 31.2, 31.3, 31.5, 31.6, 31.7, 32.2, 32.3, 32.4, 32.5, 32.6, 32.7, 32.8, 32.9, 32.10, 32.12, 32.13, 32.14, 32.15, 32.16, 32.17, 32.18, 32.19, 32.20, 32.21, 32.22, 33.3, 33.4, 34.1, 34.2, 34.3, 34.4, 34.5, 34.6, 35.1, 35.3, 35.4, 35.5, 35.6, 35.7, 35.8, 35.9, 35.10, 35.11, 36.1, 36.2, 36.3, 36.6, 37.4, 38.2, 38.3, 39.1, 39.2, 39.3, 39.4, 39.5, 39.6, 39.7, 39.8, 39.9, 39.10, 39.11, 40.12, 41.3, 41.8, 42.1, 42.3, 42.4, 42.5, 42.6, 42.7, 42.9, 42.10, 43.2, 43.3, 43.4, 43.5, 43.7, 44.2, 44.3, 44.4, 44.5, 44.6, 44.8, 44.10, 44.12, 45.4, 45.5, 48.3, 48.5, 48.6, 48.7, 48.8, 49.2, 49.3, 51.1, 51.5, 51.6, 51.7, 58.4, 59.1, 60.1, 60.2, 60.3, 60.4, 60.9, 60.10, 60.11, 60.12, 60.13, 60.14, 60.15, 60.16, 60.17, 60.18, 60.19, 60.20, 60.21, 61.1, 61.2, 61.4, 61.5, 63.1, 63.3, 63.5, 63.6, 63.7, 64.3, 64.5, 66.1, 66.3, 66.4, 66.5, 66.6, 66.7, 66.8, 66.9, 66.10, 66.11, 66.13, 67.1, 67.2, 67.3, 67.4, 67.5, 67.6, 67.7, 67.8, 67.9, 67.10, 67.12, 68.1, 68.2, 68.3, 68.4, 68.5, 68.6, 68.7, 68.8, 68.9, 68.10, 68.11, 68.12, 68.13, 68.14, 68.15, 68.16, 68.17, 68.18, 68.19, 68.20, 68.21, 68.22, 68.23, 68.24, 68.25, 68.26, 68.27, 68.28, 68.29, 68.30, 69.2, 69.3, 69.4, 70.1, 70.3, 70.4, 71.2, 72.1, 72.2, 72.3, 72.4, 72.5, 72.6, 72.7, 72.8, 72.9, 72.10, 72.11, 72.12, 72.14, 72.15, 72.16, 72.19, 72.21, 72.22, 72.24, 72.25, 72.26, 72.27, 73.1, 73.3, 73.4, 74.2, 74.3, 74.4, 74.5, 74.6, 74.7, 74.8, 74.9, 74.10, 74.11, 74.12, 75.2, 76.3, 76.4, 76.5, 77.2, 77.4, 77.5, 77.6, 77.7, 77.8, 77.9, 78.2, 78.3, 78.4, 78.5, 79.2, 80.1, 80.2, 81.1, 82.1, 83.1, 83.2, 83.3, 83.4, 83.5, 83.6, 83.7, 83.8. |Arena Verlag GmbH, Würzburg: Henriette Wich / Steffen Gumpert (Ill.): Team Lupe ermittelt. Der rätselhafte Hundedieb 30.3. |Bastei Lübbe AG, Köln: Sabine Städing: Petronella Apfelmus „Überraschungsfest für Lucius“, Illustration von Sabine Büchner, Boje Verlag 2017 13.3, 15.1. |Blanck, Iris, Hamburg: 3.1, 3.1, 13.18, 19.17, 23.13, 25.17, 31.9, 37.5, 43.10, 49.8, 55.7, 61.7, 67.13, 73.6, 77.10, 79.3. |Bohem Press AG, Affoltern am Albis: © Bohem Press, Text und Illustration aus „Das rote Paket“ von Gino Alberti und Linda Wolfsgruber, ISBN 978-3-85581-514-3 76.1, 77.1. |Bohnstedt, Antje, Bretten: 4.1, 4.2, 4.4, 4.5, 4.6, 4.7, 4.8, 4.10, 6.1, 6.6, 6.10, 7.1, 7.2, 10.11, 11.1, 11.4, 11.7, 12.1, 12.2, 12.3, 12.5, 12.6, 12.7, 12.8, 12.9, 12.10, 12.11, 12.12, 12.13, 12.14, 13.1, 13.2, 13.4, 13.5, 13.6, 13.7, 13.8, 13.9, 13.10, 13.11, 16.1, 16.4, 16.5, 16.6, 16.8, 16.9, 16.10, 16.11, 16.12, 16.13, 16.14, 16.15, 16.16, 16.17, 16.18, 16.19, 16.20, 17.1, 17.2, 17.3, 17.4, 17.5, 17.6, 17.8, 18.1, 18.4, 18.8, 18.9, 19.2, 19.3, 19.4, 19.5, 19.6, 19.7, 19.8, 19.9, 19.10, 19.12, 19.13, 19.14, 19.15, 19.16, 20.2, 21.2, 22.1, 22.2, 22.3, 22.4, 22.5, 22.6, 22.7, 22.8, 22.9, 22.10, 22.11, 22.12, 22.13, 22.14, 22.15, 22.16, 22.18, 22.19,

22.20, 22.21, 23.1, 23.2, 23.3, 23.4, 23.5, 23.8, 23.9, 24.1, 24.3, 24.4, 24.6, 24.7, 24.9, 25.2, 25.3, 25.4, 25.5, 25.6, 25.7, 25.8, 25.9, 25.10, 25.11, 26.3, 27.2, 40.2, 40.3, 40.4, 40.5, 40.6, 40.7, 40.8, 40.9, 40.10, 40.11, 40.13, 41.2, 41.4, 41.5, 41.6, 41.7, 41.9, 41.10, 41.11, 42.2, 43.1, 43.6, 43.8, 43.9, 44.1, 45.1, 45.2, 45.3, 46.11, 47.4, 47.6, 50.1, 50.2, 50.3, 64.2, 64.7, 72.13, 72.17, 72.18, 72.20, 72.23, 72.28, 74.1. |Carlsen Verlag GmbH, München: Charlotte Habersack: Pippa Pepperkorn macht Ferien Mit Bildern von Melanie Garanin © Carlsen Verlag GmbH, Hamburg 2018, ISBN 978-3-551-65318-5 80.3; Marc-Uwe Kling: Der Tag, an dem der Opa den Wasserkocher auf den Herd gestellt hat. Mit Illustrationen von Astrid Henn © Carlsen Verlag GmbH, Hamburg 2020 67.11, 69.1; Margit Auer: Die Schule der magischen Tiere. Mit Illustrationen von Nina Dulleck © Carlsen Verlag GmbH, Hamburg 2013 19.11. |Ciecimirski, Michael, Braunschweig: 75.1, 75.3. |circon Verlag GmbH, München: © Circon Verlag München 44.9. |Doering, Svenja, Köln: Titel, Titel, Titel, Titel, 2.1, 2.2, 4.3, 5.1, 5.2, 5.3, 5.4, 8.1, 9.1, 9.3, 10.8, 10.9, 10.13, 10.14, 11.2, 11.3, 11.5, 11.6, 11.8, 11.9, 11.10, 11.11, 11.12, 11.13, 13.16, 13.17, 14.2, 14.3, 15.6, 16.2, 16.3, 16.7, 17.7, 17.9, 17.10, 20.7, 21.1, 22.17, 23.7, 23.10, 23.11, 23.12, 24.2, 28.2, 28.3, 29.11, 29.13, 30.10, 30.11, 30.12, 31.1, 31.4, 31.8, 32.1, 32.11, 33.1, 33.2, 35.2, 35.12, 36.7, 38.1, 40.1, 41.1, 41.12, 41.13, 42.8, 44.7, 44.11, 46.2, 47.1, 47.2, 47.8, 50.4, 52.7, 52.8, 53.2, 56.8, 58.2, 59.5, 62.1, 62.3, 62.4, 62.5, 62.6, 62.7, 63.2, 63.4, 65.1, 65.2, 65.3, 66.2, 66.12, 69.5, 71.1, 71.3, 73.5, 76.2, 77.3, 81.2, 81.3, 88.1, 88.2. |Hach, Lena, Berlin: Foto: Anja Schaffner 38.4. |Mixtvision Mediengesellschaft mbH, München: Lena Hach, Daniela Kulot: Der verrückte Erfinderschuppen Das Ruckzuck-Weg-Spray, © Mixtvision Verlag, München 2019 55.6. |NordSüd Verlag AG, Zürich: Géraldine Elschner, Alexandra Junge: Das Osterküken, NordSüd Verlag, ISBN-13 978-3-314-10093-2 78.1, 79.1. |primanota GmbH, Korbach: 37.2. |Reimers, Silke, Mainz: 7.3, 7.4, 7.5, 7.6, 7.7, 7.8, 57.2, 57.3, 57.4. |Scholastic Children's Books, London: Printrechte: Verlagsgruppe Beltz 8.2, 9.2. |stock.adobe.com, Dublin: Chanowski, Craig R. 34.7; Eckgold, Frank 64.4; Geithe, Ralf 36.5; Maryna Voronova 14.1; Pavlenko, Mikhailo 36.4; refresh(PIX) 64.6. |Studio Vieleck - Amthor & Amthor GbR, Hilden: 46.1, 46.3, 46.4, 46.5, 46.6, 46.7, 46.8, 46.9, 46.10, 47.3, 47.5, 47.7, 48.1, 48.2, 48.4, 49.1, 49.4, 49.5, 49.6, 49.7, 51.2, 51.3, 51.4, 52.2, 52.3, 52.4, 52.5, 52.6, 53.1, 54.1, 54.2, 54.3, 54.4, 54.5, 54.6, 54.7, 54.8, 55.1, 55.2, 55.3, 55.4, 55.5, 56.1, 56.2, 56.3, 56.4, 56.5, 56.6, 56.7, 57.1, 58.1, 58.3, 59.2, 59.3, 59.4, 60.5, 60.6, 60.7, 60.8, 62.2, 64.1, 70.2, 73.2. |Tulipan Verlag GmbH, München: Anette Beckmann, Marion Goedelt: Carlotta, Henri und das Leben. Mama ist offline und nix geht mehr (ISBN 9783864294105) © Tulipan Verlag, München 2018 61.3, 61.6. |Verlagsgruppe Beltz, Weinheim: aus: Lena Hach/Kai Schüttler, Hugo und Big Dschi © 2020 Beltz & Gelberg in der Verlagsgruppe Beltz · Weinheim Basel 37.1, 37.3; Axel Scheffler, Julia Donaldson: Der Grüffelo, 978-3-407-79230-3, 2017 30.5. |© Thienemann Esslinger Verlag GmbH, Muenchen: Esslinger Hausbücher: Es war einmal... Die schönsten Märchen Klassiker. Illustriert von Günther Jakobs. © 2009 Esslinger in der Thienemann-Esslinger Verlag GmbH, Stuttgart. 30.8; Sami Toivonen: Tatu & Patu & ihre verrückten Maschinen. Mit Illustrationen von Aino Havukainen. © 2010 Thienemann in der Thienemann-Esslinger Verlag GmbH, Stuttgart. 52.1.